大方廣佛華嚴經 寫經

28

🪷 일러두기

1. 『사경본 한글역 대방광불화엄경』은 『독송본 한문·한글역 대방광불화엄경』에 수록된 한글역을 사경하는 데 편의를 도모하기 위해 편집을 달리하여 간행한 것이다.

2. 『독송본 한문·한글역 대방광불화엄경』은 실차난타가 한역(695~699)한 80권 『대방광불화엄경』의 한문 원문과 한글역을 함께 수록한 것이다. 한문 저본은 고종 2년(1865) 월정사에서 인경한 고려대장경 『대방광불화엄경』이다.

3. 한글 번역은 동국역경원에서 발간한 한글 『대방광불화엄경』(운허)을 중심으로 하고 『신화엄경합론』(탄허)과 『대방광불화엄경 강설』(여천무비) 그리고 최근의 여타 번역본 등을 참조하였다.

4. 한글 번역은 독송과 사경을 위하여 정확성과 아울러 가독성을 고려하였다. 극존칭은 부처님과 불경계에 대해서만 사용하였다.

5. 사경본의 차례는 일러두기 → 한글역 본문 → 화엄경 목차 → 간행사이며 80권 『대방광불화엄경』의 권별 목차 순으로 독송본과 함께 간행한다. (법공양판에는 간행사 다음에 간행불사 동참자를 밝혀 두었다.)

사경본 한글역
대방광불화엄경 제28권

25. 십회향품 [6]

수미해주

대방광불화엄경 제28권 변상도

대방광불화엄경
제28권

25. 십회향품 [6]

_____ 은(는) 『대방광불화엄경』을
사경하는 인연공덕으로
『화엄경』이 널리 유통되고
우리 모두 다함께 보리 이루기를 발원하옵니다.

대방광불화엄경

제28권

25. 십회향품 [6]

"불자들이여, 보살마하살이 만약 여래께서 세상에 출현하여 바른 법을 연설하심을 보면 큰 음성으로 일체에게 널리 말하되 '여래께서 세상에 출현하셨다! 여래께서 세상에 출현하셨다!'라고 하여 모든 중생들로 하여금 부처님의 명호를 듣고 일체 아만과 희론을 버리고 여의게 한다.

다시 또 권하고 이끌어 빨리 부처님을 친견하게 하고, 부처님을 생각하게 하고, 부처님께 귀의하게 하고, 부처님을 반연하게 하고, 부처님을 관찰하게 하고, 부처님을 찬탄하게 한다.

다시 널리 말하기를 '부처님은 만나기 어려우니 천만억 겁에 한 번 출현하신다.'라고 한다. 중생들이 이를 말미암아 부처님을 친견하고 청정한 믿음을 내며 뛸 듯이 환희하고 존중하며 공양올린다.

다시 부처님 처소에서 모든 부처님의 명호를 듣고 더욱 다시 수없는 모든 부처님을 만나서 모든 선의 근본을 심고 닦아 익혀서 증장케 한다.

그때에 수없는 백천만억 나유타 중생들이 부처님을 친견한 인연으로 모두 청정함을 얻어서 구경에 조복하며, 저 모든 중생들이 보살들의 처소에서 다 가장 높은 선지식이라는 생각을 내며, 보살을 인한 까닭으로 불법을 성취하여 수없는 겁 동안에 심은 선근으로 널리 세간에서 불사를 베푼다.

불자들이여, 보살마하살이 중생들에게 열어 보여서 부처님을 친견하게 하는 때에 모든 선근으로 이와 같이 회향한다.

이른바 일체 중생이 권유함을 기다리지 아니하고 스스로 가서 부처님을 친견하고 받들어 섬기며 공양 올리어 다 환희하게 하기를 원한다.

일체 중생이 항상 부처님 친견하기

를 즐겨하여 마음에 폐하고 버림이 없기를 원한다.

일체 중생이 광대한 지혜를 항상 부지런히 닦아 익히어 일체 모든 부처님의 법장을 받아 지니기를 원한다.

일체 중생이 들은 바 소리를 따라서 다 불법을 깨닫고 한량없는 겁 동안 보살행을 닦기를 원한다.

일체 중생이 바른 생각에 편안히 머물러서 항상 지혜의 눈으로 부처님의 출현하심을 보기를 원한다.

일체 중생이 다른 업을 생각하지 아니하고 항상 부처님 친견하기를 생각하며 십력을 부지런히 닦기를 원한다.

　일체 중생이 일체 처에서 항상 모든 부처님을 친견하고 여래께서 허공계에 두루하심을 분명히 알기를 원한다.

　일체 중생이 모두 부처님의 자재하신 몸을 구족하여 널리 시방에서 도를 이루고 법을 설하기를 원한다.

　일체 중생이 선지식을 만나서 불법

을 항상 듣고 모든 여래께 무너지지 않는 믿음을 얻기를 원한다.

일체 중생이 다 모든 부처님께서 출현하심을 능히 찬탄하여 그 보는 자들로 하여금 널리 청정을 얻게 하기를 원한다.

이것이 보살마하살이 부처님께서 세간에 출현하심을 찬탄하는 선근으로 회향하는 것이니, 중생들로 하여금 일체 부처님을 친견하고 공양올리고 받들어 섬겨서 위없는 법을 끝까지 청정케 하기 위한 까닭이다.

불자들이여, 보살마하살이 큰 땅을 보시하되 혹은 모든 부처님께 바치어 정사를 지으며, 혹은 보살과 선지식에게 보시하여 뜻 따라 쓰게 하며, 혹은 많은 스님들에게 보시하여 주처를 삼게 한다.

혹은 부모에게 드리고, 혹은 다른 사람에게 보시하며, 성문과 독각의 갖가지 복전과 내지 일체 빈궁하고 외로운 이와 그리고 다른 사부 대중에게 뜻 따라 모두 주어서 모자라는 바가 없게 한다.

혹은 여래의 탑묘를 세우는 데 보시하니, 이와 같은 등 모든 곳에서 다 생활하는 물품을 갖추어 뜻 따라 쓰면서 두려울 바가 없게 한다.

보살마하살이 어떤 방소를 따라 땅을 보시할 때에 모든 선근으로 이와 같이 회향한다.

이른바 일체 중생이 청정한 일체 지혜의 지위를 구족하여 모두 보현의 온갖 행의 피안에 이르기를 원하며, 일체 중생이 모두 지니는 지위를 얻어 바른 생각으로 일체 부처님의 법을 받아 지니기를 원한다.

　일체 중생이 머물러 지니는 힘을 얻어 일체 부처님의 가르침을 항상 능히 수호하기를 원하며, 일체 중생이 땅과 같은 마음을 얻어 모든 중생들에게 뜻이 항상 청정하고 나쁜 생각이 없기를 원한다.

　일체 중생이 모든 부처님의 종자를 지니어 보살의 모든 지위 차제를 성취하고 끊어짐이 없기를 원한다.

　일체 중생이 널리 일체를 위하여 안온한 곳이 되고 모두 조복하여 청정한 도에 머무르게 하기를 원한다.

일체 중생이 모든 여래와 같이 세간을 이익하게 하며 널리 부지런히 닦아서 부처님 힘에 편안히 머무르게 하기를 원한다.

일체 중생이 널리 세간의 사랑하는 바가 되어 모두 위없는 부처님의 낙에 편안히 머무르게 하기를 원한다.

일체 중생이 좋은 방편을 얻어 부처님의 모든 힘과 두려움 없는 법에 머무르기를 원한다.

일체 중생이 땅과 같은 지혜를 얻

어 일체 부처님 법을 자재하게 수행하기를 원한다.

　이것이 보살마하살이 큰 땅을 보시할 때에 선근으로 회향하는 것이니, 중생들로 하여금 모두 구경에 일체 여래의 청정한 지위를 얻게 하기 위한 까닭이다.

　불자들이여, 보살마하살이 하인들을 보시하여 일체 모든 부처님과 보살과 참 선지식에게 공양올리며, 혹은 승보에게 보시하며, 혹은 부모와

높고 수승한 복전을 받든다.

혹은 다시 병들어 고통받는 중생들에게 베풀어 주어 모자람이 없어서 그 목숨을 보존하게 하며, 혹은 다시 빈궁하고 외로운 이와 그 외 일체의 살펴 시중할 자가 없는 이에게 보시하며, 혹은 여래의 탑묘를 수호하며, 혹은 모든 부처님의 바른 법을 쓰고 지니게 한다.

백천억 나유타 하인들을 수시로 주되, 그 모든 하인들이 다 총명하고 공교하며 성품이 본래 부드럽고 순하며 항상 부지런히 정진하고 게으르지 않다. 질직한 마음과 안락한 마음과 이익한 마음과 인자한 마음과 공경하는 마음과 원한이 없는 마음과 대적함이 없는 마음을 갖추어, 능히 받는 자의 지방풍속의 마땅한 바를 따라 그들 가운데 모든 이익을 짓는다.

또 모두 보살의 청정한 업으로부터 감득한 바인 재능과 기예와 공교와 산수를 통달하지 않음이 없고, 잘 능히 시중들어 그 마음을 기쁘게 한다.

보살이 그때에 모든 선근으로 이와 같이 회향한다.

이른바 일체 중생이 부드럽고 순한 마음을 얻어 일체 부처님 처소에서 선근을 닦아 익히기를 원한다.

일체 중생이 일체 모든 부처님을 수순하여 공양올리며 부처님께서 설하신 것을 모두 능히 듣기를 원한다.

일체 중생이 부처님의 거두어 주심을 얻어 항상 여래를 관하고 다시 다른 생각이 없기를 원한다.

일체 중생이 부처님의 종성을 깨뜨

리지 아니하고 일체를 부지런히 닦아 부처님의 선근을 수순하기를 원한다.

일체 중생이 일체 모든 부처님께 항상 부지런히 공양올리고 헛되이 지내는 때가 없기를 원한다.

일체 중생이 일체 모든 부처님의 미묘한 이치를 거두어 지녀서 말이 청정하며 유행하는 데 두려움이 없기를 원한다.

일체 중생이 부처님 친견하기를 항상 즐겨하여 마음에 만족해 싫어함이 없어서 모든 부처님 처소에 몸과 목숨을 아끼지 않기를 원한다.

　일체 중생이 모든 부처님을 친견하고 마음이 염착하지 않으며 세상에 의지하는 바를 여의기를 원한다.

　일체 중생이 단지 부처님께 귀의하고 영원히 일체 삿된 귀의처를 여의기를 원한다.

　일체 중생이 부처님의 도를 수순하고 마음으로 항상 위없는 부처님 법을 즐겨 관하기를 원한다.

　이것이 보살마하살이 하인들을 보

시할 때에 선근으로 회향하는 것이니, 중생들로 하여금 티끌의 더러움을 멀리 여의고 부처님 지위를 깨끗이 닦아 다스려 여래의 자재한 몸을 능히 나타내게 하기 위한 까닭이다.

불자들이여, 보살마하살이 몸으로 모든 와서 구걸하는 자들에게 보시하되 보시할 때에 겸하하는 마음을 내며, 땅과 같은 마음을 내며, 온갖 고통을 참고 변동이 없는 마음을 낸다.

중생들을 시중들되 피로해하거나 싫어하지 않는 마음을 내며, 모든 중생들에게 마치 자애로운 어머니같이 있는 바 온갖 선을 모두 돌려주는 마음을 내며, 모든 어리석고 험하고 극히 악한 중생들이 갖가지로 침해하고 능멸함에 다 너그러운 마음을 내어 선근에 편안히 머물러서 부지런히 받들어 섬긴다.

보살이 그때에 모두 선근으로 이와 같이 회향한다.

이른바 '원컨대 일체 중생이 그 필

요한 바를 따라서 항상 모자람이 없고 보살행을 닦아서 항상 끊이지 않으며, 일체 보살의 의로움과 이로움을 버리지 않으며, 보살의 행하는 바 도에 잘 머무르며, 보살의 평등한 법의 성품을 요달하며, 여래의 종족 수효에 있음을 얻어지이다.

진실한 말에 머무르고 보살행을 지니어 모든 세간으로 하여금 청정한 부처님 법을 얻어 깊은 마음으로 믿고 이해하여 법을 끝까지 증득하게 하며, 모든 중생들로 하여금 청정하고 증장하는 선근을 출생하며, 큰 공덕에 머물러서 일체지를 갖추게 하여지이다.

또 이 선근으로 일체 중생으로 하여금 항상 일체 모든 부처님께 공양 올리며, 일체 법을 이해하여 받아 지니며, 읽고 외우며, 잊지 않고 잃지 않으며, 무너뜨리지 않고 흩어 버리지 않으며, 마음이 잘 조복되어 조복하지 못한 이를 조복하게 하며, 적정한 법으로 고르게 익혀서 저 중생들로 하여금 모든 부처님 처소에서 이와 같은 일에 머무르게 하여지이다.

 또 이 선근으로 일체 중생으로 하여금 제일의 탑을 만들어 마땅히 세간의 갖가지 공양을 받게 하며, 일체 중생으로 하여금 최상의 복전을 이루고 부처님의 지혜를 얻어 일체를 깨닫게 하며, 일체 중생으로 하여금 최상의 받는 자가 되어 널리 일체 중생을 능히 요익하게 하여지이다.

 일체 중생으로 하여금 최상의 복리를 이루어 일체 선근을 능히 구족하게 하며, 일체 중생으로 하여금 제일

좋은 보시하는 곳이 되어 능히 한량없는 복의 과보를 얻게 하여지이다.
 일체 중생으로 하여금 삼계에서 모두 벗어남을 얻게 하며, 일체 중생으로 하여금 제일의 도사가 되어 능히 세간을 위하여 여실한 도를 보이게 하여지이다.
 일체 중생으로 하여금 묘한 총지를 얻어서 일체 모든 부처님의 바른 법을 갖추어 지니게 하며, 일체 중생으로 하여금 한량없는 제일의 법계를 증득하여 허공처럼 걸림 없는 바른 도를 구족하게 하여지이다.'라고 한다.

이것이 보살마하살이 자기의 몸을 보시하는 선근으로 회향하는 것이니, 중생들로 하여금 모두 응공의 한량없는 지혜의 몸을 얻게 하기 위한 까닭이다.

불자들이여, 보살마하살이 법을 듣고 기뻐하여 청정한 신심을 내어서 능히 그 몸으로 모든 부처님께 공양 올리며, 위없는 법보를 기쁘게 믿고 이해하여 모든 부처님 처소에서 부모라는 생각을 낸다.

걸림 없는 도의 법을 읽고 외우고 받아 지니며, 수없는 나유타 법과 큰 지혜의 보배인 모든 선근의 문에 널리 들어가며, 마음으로 한량없는 모든 부처님을 항상 생각하여 부처님의 경계에 들어가서 이치를 깊이 통달한다.

능히 여래의 정교하고 자세한 법음으로 불법의 구름을 일으키고 불법의 비를 내리며, 용맹하고 자재하여 능히 일체 지혜 있는 사람의 제일 지위를 분별하여 설하며, 살바야 법을 구족하게 성취하여 한량없는 백천억 나유타 큰 법으로 모든 근을 원만히 이룬다.

불자들이여, 보살마하살이 모든 부처님 처소에서 이와 같은 법을 듣고 환희함이 한량없어서 바른 법에 편안히 머무르며, 스스로 의혹을 끊고 또한 다른 이로 하여금 끊게 한다.

마음이 항상 기뻐서 공덕을 원만히

이루고 선근을 구족하며 뜻이 항상 상속하여 중생들을 이익하게 한다.

마음이 항상 다하지 아니하여 가장 수승한 지혜를 얻어 금강의 장을 이루며, 모든 부처님을 친근하여 모든 부처님 세계를 청정히 하고 일체 여래께 항상 부지런히 공양올린다.

보살이 그때에 모든 선근으로 이와 같이 회향한다.

이른바 일체 중생이 다 원만하고 가장 수승한 몸을 얻어 일체 모든 부처님께서 거두어 주시는 바가 되기를 원한다.

　일체 중생이 항상 모든 부처님을 친근하여 모든 부처님을 의지하여 머무르며, 항상 우러러보고 일찍이 멀리 떠나지 않기를 원한다.

　일체 중생이 모두 청정하고 무너지지 않는 몸을 얻어 일체 공덕과 지혜를 구족하기를 원한다.

　일체 중생이 항상 부지런히 일체 모든 부처님께 공양올려서 얻을 바 없는 구경의 범행을 행하기를 원하며, 일체 중생이 '나'가 없는 몸을 얻어서 '나'와 '나의 것'을 여의기를 원한다.

　일체 중생이 모두 능히 몸을 나누어 시방세계에 두루하되 마치 그림자가 나타나듯이 오고 감이 없기를 원하며, 일체 중생이 자재한 몸을 얻어 널리 시방에 가되 '나'도 없고 느낌도 없기를 원한다.

　일체 중생이 부처님 몸으로부터 나서 여래의 위없는 몸의 집에 살기를 원하며, 일체 중생이 법력의 몸을 얻어 인욕의 큰 힘을 능히 깨뜨릴 자가 없기를 원한다.

　일체 중생이 견줄 데 없는 몸을 얻어 여래의 청정한 법신을 성취하기를 원하며, 일체 중생이 세간을 벗어나는 공덕의 몸을 성취하여 얻을 바 없는 청정한 법계에 나기를 원한다.

　이것이 보살마하살이 몸으로 부처님께 공양올리는 선근으로 회향하는 것이니, 중생들로 하여금 삼세의 모든 부처님 집에 영원히 머무르게 하기 위한 까닭이다.

불자들이여, 보살마하살이 몸으로 일체 중생에게 보시하여 널리 선근을 성취하고 선근을 생각하게 하려고 한다.

보살마하살이 스스로 그 몸이 큰 밝은 등불이 되어 널리 일체 중생을 능히 비추며, 온갖 오락 기구가 되어 널리 일체 중생을 능히 섭수하며, 미묘한 법장이 되어 널리 일체 중생을 능히 맡아서 지니며, 청정한 광명이 되어 널리 일체 중생을 능히 깨우치며, 세상의 빛 그림자가 되어 널리 중생들로 하여금 항상 보게 하며, 선근의 인연이 되어 널리 중생들로 하여금 항상 만나게 하며, 참 선지식이 되어 일체 중생으로 하여금 모두 가르침을 받게 하며, 평탄한 길이 되어 일체 중생으로 하여금 모두 밟고 지나가게 하며, 위없이 구족한 안락이 되어 일체 중생으로 하여금 고통을 여의고 청정케 하며, 밝고 맑은 해가 되어 널리 세간에 평등한 이익을 짓기를 원한다.

보살이 그때에 모든 선근으로 이와

같이 회향한다.

　이른바 일체 중생이 항상 부처님을 친근하여 부처님의 지혜의 경지에 들어가기를 원하며, 일체 중생이 수순하는 지혜를 얻어 위없는 깨달음에 머무르기를 원한다.

　일체 중생이 항상 부처님의 회상에 있어 뜻을 잘 조복하기를 원하며, 일체 중생이 행하는 바가 법칙이 있어 부처님의 위의를 갖추기를 원한다.

　일체 중생이 모두 열반을 얻어 법의 뜻을 깊이 알기를 원하며, 일체 중생이 만족함을 아는 행을 갖추어 여래의 집에 나기를 원하며, 일체 중생이 무명의 탐욕을 버리고 부처님 뜻의 즐거움에 머무르기를 원한다.

 일체 중생이 수승한 선근을 내어 보리수에 앉기를 원하며, 일체 중생이 번뇌의 도적을 죽이고 원망하고 해치려는 마음을 여의기를 원하며, 일체 중생이 일체 불법을 구족하게 보호해 지니기를 원한다.

 이것이 보살마하살이 몸으로 일체 중생에게 보시하는 선근으로 회향하는 것이니, 일체 중생을 이익케 하여 위없는 편안한 처소를 얻게 하기 위한 까닭이다.

불자들이여, 보살마하살이 스스로 그 몸으로써 모든 부처님께 시봉하며, 모든 부처님의 처소에 지중한 은혜를 갚기를 생각하되 부모와 같이 생각하며, 모든 여래께 깊은 믿음과 즐거함을 일으켜서 청정한 마음으로 부처님의 보리를 수호한다.

모든 부처님의 법에 머물러 세간의

생각을 여의고 여래의 집에 태어나며, 모든 부처님을 수순하고 마군의 경계를 여의며, 일체 모든 부처님의 행하시는 것을 요달하여 일체 모든 부처님의 법의 그릇을 성취한다.

보살이 그때에 이 선근으로 이와 같이 회향한다.

이른바 일체 중생이 청정한 마음을 얻어 일체 지혜보배로 스스로 장엄하기를 원한다.

일체 중생이 잘 조복함에 머물러 일체 모든 선하지 않은 업을 멀리 떠나기를 원한다.

일체 중생이 깨뜨릴 수 없는 견고한 권속을 얻어 널리 부처님의 바른 법을 능히 섭수하기를 원한다.

일체 중생이 부처님의 제자가 되어 보살의 관정하는 지위에 이르기를 원한다.

일체 중생이 항상 모든 부처님의 거두어 주시는 바가 되어 일체 선하지 못한 법을 길이 여의기를 원한다.

일체 중생이 모든 부처님을 수순하여 보살의 가장 수승한 법을 닦아 행하기를 원한다.

 일체 중생이 부처님의 경계에 들어가 모두 다 일체지의 수기를 받기를 원한다.

 일체 중생이 모든 여래와 모두 다 평등하여 일체 불법에 자재하지 못함이 없기를 원한다.

 일체 중생이 다 모든 부처님의 섭수하시는 바가 되어 항상 집착이 없는 업을 능히 수행하기를 원한다.

 일체 중생이 항상 모든 부처님의 제일 시자가 되어 일체 부처님 처소에서 지혜의 행을 닦기를 원한다.

이것이 보살마하살이 모든 부처님을 모시는 선근으로 회향하는 것이다.

모든 부처님의 보리를 증득하려 하기 위함이며, 일체 중생을 구호하려 하기 위함이며, 일체 삼계에서 벗어나려 하기 위함이며, 괴롭히고 해침이 없는 마음을 성취하려 하기 위함이다.

한량없이 광대한 보리를 얻기 위함이며, 불법을 비추는 지혜를 성취하려 하기 위함이며, 항상 모든 부처님의 거두어 주심을 받으려 하기 위함이며, 모든 부처님의 보호하여 지켜 주심을 얻기 위함이다.

일체 불법을 믿고 이해하려 하기 위함이며, 삼세 부처님과 더불어 평등한 선근을 성취하려 하기 위함이며, 뉘우치고 한탄함이 없는 마음을 원만히 하여 일체 모든 부처님의 법을 증득하려 하기 위한 까닭이다.

불자들이여, 보살마하살이 국토와

일체 모든 물건을 보시하며, 내지 왕의 지위도 모두 또한 능히 버리며, 모든 세상 일에 마음이 자재함을 얻어서 얽힘도 없고 속박도 없으며, 그리워 애착하는 바도 없으며, 악업을 멀리 여의고 중생을 요익케 한다.

업과 과보에 집착하지 않고 세상법을 즐겨하지 아니하며, 모든 존재가 태어나는 곳을 다시 탐하여 물들지 아니하며, 비록 세간에 머무르나 이곳에 나는 것이 아니며, 마음이 온과 계와 처의 법에 집착하지 아니하며, 안과 밖의 법에 마음이 의지하거나 머무름이 없다.

항상 모든 보살들의 행을 잊지 아니하며, 일찍이 모든 선지식들을 멀리 여의지 아니하며, 모든 보살들의 광대한 행과 원을 지니어 항상 일체 선우를 받들어 섬기기를 즐겨한다.

보살이 그때에 이 선근으로 이와 같이 회향한다.

이른바 일체 중생이 큰 법왕이 되어 법에 자재하여 피안에 이르기를 원하며, 일체 중생이 불법의 왕이 되어 일체 번뇌의 원수와 적을 꺾어 멸하기를 원한다.

 일체 중생이 부처님 왕의 지위에 머무르면서 여래의 지혜를 얻어 부처님 법을 연설하기를 원하며, 일체 중생이 부처님의 경계에 머물러 위없이 자재한 법륜을 능히 굴리기를 원한다.

 일체 중생이 여래의 집에 태어나 법에 자재하며 부처님 종성을 보호해 지녀서 영원히 끊어지지 않게 하기를 원한다.

일체 중생이 한량없는 법왕의 바른 법을 열어 보이어 가없는 모든 큰 보살들을 성취하기를 원한다.

일체 중생이 청정한 법계에 머물러 큰 법왕이 되어서 부처님의 출현하심을 나타내어 계속 이어져 끊어지지 않게 하기를 원한다.

일체 중생이 모든 세계에서 지혜의 왕이 되어 군생들을 교화하고 인도하되 잠깐도 버림이 없기를 원한다.

일체 중생이 널리 법계와 허공계 등 모든 세계 가운데 일체 중생을 위하여 법의 시주가 되어 그들로 하여금 모두 대승에 머무름을 얻게 하기를 원하며, 일체 중생이 온갖 선을 구족한 왕이 되어 삼세 부처님과 더불어 선근이 같아 평등하기를 원한다.

이것이 보살마하살이 왕위를 보시하는 선근으로 회향하는 것이니, 저 일체 중생으로 하여금 구경에 편안한 곳에 머무르게 하기 위한 까닭이다.

불자들이여, 보살마하살이 어떤 사람이 와서 왕의 수도와 장엄하고 화려한 큰 성과 그리고 관방에 있는 바 세금을 구걸함을 보고 모두 다 베풀어 주되 마음에 아까워함이 없다.

오로지 보리를 향하여 큰 서원을 내며, 대자에 머무르며, 대비를 행하며, 마음이 기뻐서 중생들을 이익하게 하며, 광대한 지혜로 깊은 법을 분명히 알며, 모든 부처님의 평등한 법의 성품에 편안히 머무른다.

발심하여 일체지를 구하기 위한 까

닦이며, 자재한 법에 깊은 즐거움을 일으키는 까닭이며, 자재한 지혜를 증득하기를 구하는 까닭이며, 일체 모든 공덕을 깨끗하게 닦는 까닭이며, 견고하고 광대한 지혜에 머무르는 까닭이며, 일체 모든 선근을 널리 모으는 까닭이며, 일체 불법의 원을 닦아 행하는 까닭이며, 큰 지혜의 법을 자연히 깨닫는 까닭이며, 보리에 편안히 머물러 마음이 물러나지 않는 까닭이며, 일체 보살의 행과 원을 닦아 익혀서 일체종지를 끝까지 다하는 까닭으로 보시를 행한다.

이 선근으로 이와 같이 회향한다.

이른바 일체 중생이 모두 능히 한량없는 국토를 깨끗이 장엄하여 모든 부처님께 받들어 보시하여 주처가 되기를 원하며, 일체 중생이 아란야처에 머물러 있기를 항상 즐겨하여 적정하고 흔들림이 없기를 원한다.

일체 중생이 영원히 왕도나 취락을 의지하지 않고 마음에 적정을 즐겨하여 길이 구경을 얻기를 원하며, 일체 중생이 길이 일체 세간을 즐겨 집착하지 아니하고 항상 세간의 언어를 멀리 여읨을 즐겨하기를 원한다.

일체 중생이 탐욕을 떠난 마음을 얻어 모든 소유를 보시하되 마음이 중간에 후회함이 없기를 원하며, 일체 중생이 벗어나는 마음을 얻어 모든 가업을 버리기를 원한다.

일체 중생이 아낌이 없는 마음을 얻어 항상 보시하기를 원하며, 일체 중생이 집착하지 않는 마음을 얻어 집에 거처하는 법을 여의기를 원한다.

 일체 중생이 온갖 고통 여읨을 얻어 일체 재난과 횡액의 두려움을 멸하여 없애기를 원하며, 일체 중생이 시방의 일체 세계를 청정하게 장엄하여 모든 부처님께 받들어 보시하기를 원한다.

 이것이 보살마하살이 왕도를 보시하는 선근으로 회향하는 것이니, 중생들로 하여금 다 능히 모든 부처님 세계를 깨끗이 장엄하게 하기 위한 까닭이다.

불자들이여, 보살마하살이 있는 바 일체 내궁의 권속과 기예로 시중 드는 많은 여인들이 모두 얼굴과 용모가 단정하고 재능이 구족하며, 말하고 웃고 노래하고 춤추는 것이 모두 다 교묘하며, 갖가지 의복과 갖가지 꽃과 향으로 몸을 장엄하였으니, 보는 자가 환희하여 만족해 싫은 생각이 없다.

이와 같은 보배 여인 백천만억 나유타 수가 모두 보살의 선업으로 말미암아 생긴 것이며, 뜻 따라 자재하여 공경히 수순하고 허물이 없다.

모든 와서 구걸하는 자들에게 다 보시하되 그 가운데 사랑하는 마음이 없으며, 돌아보고 그리워하는 마음이 없으며, 탐착하는 마음이 없으며, 얽매이고 속박하는 마음이 없으며, 가져 취하는 마음이 없으며, 탐하여 물드는 마음이 없으며, 분별하는 마음이 없으며, 따라가는 마음이 없으며, 형상을 취하는 마음이 없으며, 즐겨 욕심내는 마음이 없다.

보살이 그때에 모든 선근을 관찰하

고 일체 중생으로 하여금 다 벗어남을 얻게 하려는 까닭으로 회향하며, 부처님의 법에 기쁨을 얻게 하려는 까닭으로 회향한다.

견고하지 못한 가운데 견고함을 얻게 하려는 까닭으로 회향하며, 금강 지혜의 깨뜨릴 수 없는 마음을 얻게 하려는 까닭으로 회향하며, 부처님 도량에 들게 하려는 까닭으로 회향하며, 피안에 이르게 하려는 까닭으로 회향하며, 위없는 보리심을 얻게 하려는 까닭으로 회향한다.

능히 지혜로 모든 법을 요달하게 하려는 까닭으로 회향하며, 일체 선근을 출생하게 하려는 까닭으로 회향하며, 삼세 모든 부처님의 집에 들어가게 하려는 까닭으로 회향한다.

불자들이여, 보살마하살이 이와 같은 법에 머물러서 여래의 집에 태어나며, 모든 부처님의 청정하고 수승한 인을 증장하며, 가장 수승한 일체 지혜의 도를 출생하며, 보살의 광대한 지혜의 업에 깊이 들어간다.

일체 세간의 때와 번뇌를 멸하여

없애며, 항상 능히 공덕의 복전에 공양올리고 보시하며, 모든 중생들을 위하여 묘한 법을 펴 연설하며, 매우 교묘하게 안립하여 그들로 하여금 모든 청정한 행을 닦아 익히게 하며, 항상 부지런히 일체 선근을 거두어 취하게 한다.

보살이 그때에 모든 선근으로 이와 같이 회향한다.

이른바 일체 중생이 한량없는 삼매와 권속을 얻어 보살의 수승한 선정이 계속되고 끊어지지 않기를 원한다.

　일체 중생이 항상 즐거이 부처님을 친견하여 모든 부처님의 장엄한 삼매에 모두 들어가기를 원한다.

　일체 중생이 보살의 부사의한 선정을 성취하여 한량없는 신통에 자재하게 유희하기를 원한다.

　일체 중생이 실제와 같은 선정에 들어 부서지지 않는 마음을 얻기를 원한다.

　일체 중생이 보살의 매우 깊은 삼매를 다 얻어 모든 선정에 자재함 얻기를 원한다.

일체 중생이 해탈한 마음을 얻어 일체 삼매와 권속을 성취하기를 원한다.

일체 중생이 갖가지 삼매에 모두 선교를 얻어 모든 삼매의 모습을 다 능히 섭취하기를 원한다.

일체 중생이 수승한 지혜 삼매를 얻어 널리 모든 삼매의 문을 능히 배워 익히기를 원한다.

일체 중생이 걸림 없는 삼매를 얻어 깊은 선정에 들어가 마침내 물러나 잃어버리지 않기를 원한다.

　일체 중생이 집착이 없는 삼매를 얻어 마음이 항상 바르게 받아들이고 두 가지 법을 취하지 않기를 원한다.

　이것이 보살마하살이 일체 내궁의 권속들을 보시할 때에 선근으로 회향하는 것이다.

　일체 중생으로 하여금 깨뜨릴 수 없는 청정한 권속을 다 얻게 하려는 까닭이며, 일체 중생으로 하여금 보살의 권속을 다 얻게 하려는 까닭이며, 일체 중생으로 하여금 모두 부처님 법을 만족함을 얻게 하려는 까닭이다.

일체 중생으로 하여금 일체 지혜의 힘을 만족하게 하려는 까닭이며, 일체 중생으로 하여금 위없는 지혜를 증득하게 하려는 까닭이며, 일체 중생으로 하여금 수순하는 권속을 얻게 하려는 까닭이다.

일체 중생으로 하여금 뜻이 같은 수행인과 함께 살게 하려는 까닭이며, 일체 중생으로 하여금 일체 복과 지혜를 구족하게 하려는 까닭이며, 일체 중생으로 하여금 청정한 선근을 성취하게 하려는 까닭이다.

일체 중생으로 하여금 잘 화합하는 권속을 얻게 하려는 까닭이며, 일체 중생으로 하여금 여래의 청정한 법신을 성취하게 하려는 까닭이며, 일체 중생으로 하여금 차례로 이치와 같은 변재를 성취하여 모든 부처님의 다함없는 법장을 잘 연설하게 하려는 까닭이다.

일체 중생으로 하여금 길이 일체

세속의 선근을 버리고 출세간의 청정한 선근을 함께 닦게 하려는 까닭이며, 일체 중생으로 하여금 깨끗한 업이 원만하여 일체 청정한 법을 성취하게 하려는 까닭이며, 일체 중생으로 하여금 일체 부처님 법이 모두 다 앞에 나타나 법의 광명으로 널리 깨끗하게 장엄케 하려는 까닭이다.

불자들이여, 보살마하살이 능히 사랑하는 처자로 보시하되, 마치 지난 옛적의 수달라 태자와 현장엄왕 보살과 그리고 다른 한량없는 모든 보살들같이 한다.

　보살이 그때에 살바야의 마음을 타고 일체 보시를 행하여 보살의 보시하는 도를 깨끗이 닦되 그 마음이 청정하여 중간에 후회함이 없으며, 진귀한 것을 다 버려서 일체지를 구하며, 모든 중생들로 하여금 깊은 뜻의 즐거움을 깨끗이 하여 보리행을 이루며, 보살도를 관하며, 부처님의 보리를 생각하며, 부처님의 종성에 머무르게 한다.

보살마하살이 이와 같이 보시하는 마음을 갖추고는 결정코 뜻에 여래의 몸을 구하며, 스스로 자기 몸이 일체에 매여 자재하지 못함을 관한다.

또 그 몸으로 중생들을 널리 거두기를, 마치 보물섬이 일체를 베풀어서 만족하지 못한 자로 하여금 만족하게 하듯이 보살도 이와 같이 중생들을 호념한다.

자기의 몸으로 제일의 탑이 되어 널리 일체로 하여금 다 환희를 내게 하려고 하며, 세간에 평등한 마음을 내려고 하며, 중생들을 위하여 청량한 못이 되려고 하며, 중생들에게 일체 안락을 주려고 한다.

중생들을 위하여 큰 시주가 되려고 하며, 지혜가 자재하여 보살이 행할 바 행을 분명히 알려고 하며, 능히 이와 같은 큰 서원의 장엄으로 일체지에 나아가서 위없는 지혜와 복전을 이루기를 원한다.

널리 중생들을 생각하여 항상 따라 수호하되 능히 자신의 이익을 갖추며, 지혜의 광명으로 세상을 널리 비추어 항상 부지런히 보살의 보시하는 마음을 생각하며, 여래의 경계를 관찰하기를 항상 즐겨한다.

불자들이여, 보살마하살이 속박이 없고 집착이 없는 해탈한 마음으로 처자를 보시하여 모은 바 선근으로 이와 같이 회향한다.

이른바 일체 중생이 부처님의 보리에 머물러 변화하는 몸을 일으켜서 법계에 두루하여 물러남이 없는 법륜을 굴리기를 원한다.

일체 중생이 집착함이 없는 몸을 얻어서 원력으로 일체 부처님 세계에 두루 다니기를 원한다.

일체 중생이 사랑하고 미워하는 마음을 버리고 탐욕과 성냄의 번뇌를 끊기를 원한다.

일체 중생이 모두 불자가 되어 부처님의 행하신 바를 따르기를 원한다.

일체 중생이 모든 부처님 처소에서 자기라는 마음을 내어 막아 무너뜨릴 수 없기를 원한다.

일체 중생이 항상 불자가 되어 법

을 좇아 화생하기를 원한다.

　일체 중생이 구경처를 얻어서 여래의 자재한 지혜를 성취하기를 원한다.

　일체 중생이 부처님의 보리를 증득하여 번뇌를 영원히 여의기를 원하며, 일체 중생이 능히 부처님의 보리도를 구족하게 연설하여 위없는 법보시를 항상 즐겨 수행하기를 원한다.

　일체 중생이 바른 선정의 마음을 얻어서 일체 모든 인연으로 무너뜨릴 바가 되지 않기를 원하며, 일체 중생이 보리수에 앉아서 최정각을 이루고 한량없이 법을 좇아 화생하는 모든 선남선녀를 열어 보이기를 원한다.

이것이 보살마하살이 처자를 보시하는 선근으로 회향하는 것이니, 중생들로 하여금 모두 다 걸림 없는 해탈과 집착 없는 지혜를 증득하게 하기 위한 까닭이다.

불자들이여, 보살마하살이 장엄한 집과 모든 살림 도구를 구걸함이 있음을 따라 일체를 보시하되 보시하는 법을 행하며, 집에 집착이 없으며, 일체 집에서 사는 각관을 멀리 여의어 가업과 살림 도구를 싫어하며, 탐하지도 아니하고 맛들이지도 아니하여 마음에 얽매이고 집착함이 없다.

집은 쉽게 무너지는 줄 알아서 마음으로 항상 싫어하여 버리며, 모두 그 가운데 사랑하는 바가 없다.

단지 출가하여 보살행을 닦아 모든 부처님 법으로 스스로 장엄하려 하며, 일체를 다 버리되 마음이 중간에 후회하지 아니하며, 항상 모든 부처님의 찬탄하시는 바가 되며, 집과 재물과 처소를 따라 있는 것을 모두 보시하되 마음에 연연하여 애착함이 없으며, 구걸함이 있음을 보면 마음에 기쁨을 낸다.

보살이 그때에 이 선근으로 이와 같이 회향한다.

이른바 일체 중생이 처자를 버리고 떠나서 출가하는 제일의 낙을 성취하기를 원한다.

일체 중생이 집의 속박에서 해탈하여 집 아닌 데 들어가서 모든 부처님의 법 가운데 범행을 수행하기를 원한다.

일체 중생이 간탐의 때를 버리고 여의어서 일체 보시를 즐겨하여 마음에 퇴전함이 없기를 원한다.

일체 중생이 집의 법도를 영원히 여의고 적은 욕구로 만족함을 알아서 저장하여 쌓아두는 바가 없기를 원한다.

일체 중생이 세속의 집을 떠나서 여래의 집에 머무르기를 원한다.

일체 중생이 걸림 없는 법을 얻어

서 일체 장애하는 도를 멸하여 없애기를 원한다.

일체 중생이 집안 권속이라는 애착을 떠나서 비록 집에 있음을 나타내나 마음에 집착하는 바가 없기를 원하며, 일체 중생이 잘 능히 교화하고 인도하여 집의 법도를 여의지 않고 부처님의 지혜를 말하기를 원한다.

일체 중생이 몸은 집에 있음을 나타내나 마음은 항상 부처님의 지혜를 수순하여 머무르기를 원하며, 일체 중생이 집에 사는 처지에 있으나 부처님 지위에 머물러서 널리 한량없고 가없는 중생들로 하여금 환희심을 내게 하기를 원한다.

이것이 보살마하살이 집을 보시할 때에 선근으로 회향하는 것이니, 중생들로 하여금 보살의 갖가지 행과 원과 신통과 지혜를 성취하게 하기 위한 까닭이다.

불자들이여, 보살마하살이 갖가지 원림과 누대와 유희하고 쾌락한 장엄한 처소를 보시하며 이 생각을 하여

말한다.

 '내가 마땅히 일체 중생을 위하여 좋은 원림이 되며, 내가 마땅히 일체 중생을 위하여 법의 즐거움을 나타내 보이리라.

 내가 마땅히 일체 중생에게 환희한 뜻을 보시하며, 내가 마땅히 일체 중생에게 가없는 희락을 보이며, 내가 마땅히 일체 중생을 위하여 청정한 법문을 열어 주리라.

 내가 마땅히 일체 중생으로 하여금 환희심을 내게 하며, 내가 마땅히 일체 중생으로 하여금 부처님 보리를 얻게 하며, 내가 마땅히 일체 중생으로 하여금 대원을 원만히 이루게 하리라.

내가 마땅히 일체 중생에게 마치 자애로운 아버지와 같이 하며, 내가 마땅히 일체 중생으로 하여금 지혜로 관찰하게 하며, 내가 마땅히 일체 중생에게 생활 도구를 보시하며, 내가 마땅히 일체 중생에게 마치 자애로운 어머니와 같이 하여 일체 선근과 대원을 생장케 하리라.'

불자들이여, 보살마하살이 이와 같이 모든 선근을 수행할 때에 악한 중생에게 피로해하거나 싫어함을 내지 아니하며, 또한 버리는 마음을 잘못 일으키지도 아니한다.

설령 세간에 가득한 일체 중생이 모두 은혜를 알지 못하더라도 보살은 그들에게 처음부터 싫어하거나 한탄하는 마음이 없고, 잠깐이라도 도리어 보답을 구하는 마음을 내지 아니하고, 단지 그들의 한량없는 고뇌를 없애려고 한다.

모든 세간에 대하여 마음이 허공과 같아서 물들어 집착하는 바가 없으며, 모든 법의 진실한 모양을 널리 관하고 큰 서원을 일으켜 중생의 고통을 멸하며, 대승의 뜻과 원을 영원히 싫어하여 버리지 아니하며, 일체 소견을 멸하여 모든 보살들의 평등한 행원을 닦는다.

불자들이여, 보살마하살이 이와 같이 관찰하고는 모든 선근을 거두어서 다 회향한다.

이른바 일체 중생이 생각생각 한량

없는 선한 법을 더욱 내어 위없는 원림의 마음을 성취하기를 원하며, 일체 중생이 흔들리지 않는 법을 얻어 일체 부처님을 친견하고 다 환희케 하기를 원한다.

일체 중생이 법의 동산을 즐겨하여 모든 부처님 세계의 동산에서 미묘한 낙을 얻기를 원하며, 일체 중생이 깨끗하고 미묘한 마음을 얻어 여래의 신족의 원림을 항상 보기를 원한다.

일체 중생이 부처님의 희락을 얻어 항상 지혜의 경계에서 잘 유희하기를 원하며, 일체 중생이 유희하는 낙을 얻어 널리 부처님 세계 도량의 대중모임에 널리 나아가기를 원한다.

일체 중생이 보살의 해탈하는 유희를 성취하여 미래겁이 다하도록 보살행을 행하되 마음에 고달픔이 없기를 원하며, 일체 중생이 일체 부처님께서 법계에 충만하심을 보고 광대한 마음을 내어 부처님의 원림에 머무르기를 원한다.

일체 중생이 모두 능히 일체 부처님 세계에 두루 가서 낱낱 세계 가운데 모든 부처님께 공양올리기를 원한다.

일체 중생이 좋은 하고자 하는 마음을 얻어 일체 부처님 세계를 청정하게 장엄하기를 원한다.

이것이 보살마하살이 일체 원림과 누대를 보시하는 선근으로 회향하는 것이니, 중생들로 하여금 일체 부처님의 유희와 일체 부처님의 원림을 보게 하기 위한 까닭이다.

불자들이여, 보살마하살이 백천억

나유타 한량없고 수없고 광대하게 보시하는 모임을 만드는데, 일체가 청정하여 모든 부처님께서 인가하시는 바이다.

 마침내 한 중생도 해치거나 괴롭히지 않고, 널리 중생들로 하여금 온갖 악을 멀리 여의고 삼업의 도를 깨끗이 하여 지혜를 성취하게 한다.

 한량없는 백천억 나유타 아승지의 청정한 경계를 열어 두며, 한량없는 백천억 나유타 아승지의 생활에 필요한 미묘한 물건들을 쌓아 놓고, 매우 얻기 어려운 보리의 마음을 내어 무한한 보시를 행한다.

　모든 중생들로 하여금 청정한 도에 머무르게 하되, 처음도 중간도 나중도 선함에 청정한 믿음과 이해를 내게 한다.

　백천억 한량없는 중생들의 마음에 즐겨하는 바를 따라 모두 환희하게 하며, 대자비로 일체를 구호하여 삼세의 모든 부처님을 받들어 섬기고 공양올리며, 일체 부처님의 종성을 성취하려 한다.

보시를 수행하되 마음이 중간에 후회하지 아니하고, 신근을 증장하고 수승한 행을 원만히 이루어 생각 생각 보시바라밀을 증진한다.

보살이 그때에 모든 선근으로 이와 같이 회향한다.

이른바 일체 중생이 대승심을 내어 모두 마하연의 보시를 성취하기를 원한다.

일체 중생이 모두 다 큰 모임의 보시와 다하는 보시와 선한 보시와 가장 수승한 보시와 위없는 보시와 가장 위없는 보시와 같음이 없이 같은 보시와 모든 세간을 초월한 보시와 일체 모든 부처님께서 칭찬하시는 바의 보시를 능히 행하기를 원한다.

일체 중생이 제일 시주가 되어 모든 나쁜 갈래에서 중생들을 힘써 제도하여 다 걸림이 없는 지혜의 길에 들게 하며, 평등한 원과 실상과 같은 선근을 닦아 차별 없는 자기의 경계를 증득하는 지혜를 얻기를 원한다.

일체 중생이 적정한 모든 선정의 지혜에 편안히 머물러서 죽지 않는 도에 들어가 일체 신통과 지혜를 끝까지 이루며, 용맹하게 정진하여 모든 지위를 구족하고 불법을 장엄하며, 피안에 이르러 영원히 퇴전하지 않기를 원한다.

일체 중생이 크게 보시하는 모임을 시설하되 마침내 피로해하거나 싫어하지 않고, 중생들에게 공급하여 구제하되 휴식함이 없고 위없는 일체 종지에 끝까지 이르기를 원한다.

일체 중생이 항상 부지런히 일체 선근을 심어 한량없는 공덕의 피안에 이르기를 원한다.

　일체 중생이 항상 모든 부처님의 칭찬하심을 받고, 널리 세간을 위하여 큰 시주가 되어 공덕이 구족하고 법계에 충만하여 시방을 두루 비추며 위없는 낙을 베풀기를 원한다.

　일체 중생이 크게 보시하는 모임을 시설하여 선근을 널리 모으고, 중생들을 평등하게 거두어 피안에 이르기를 원한다.

　일체 중생이 가장 수승한 보시를 이루어 널리 중생들로 하여금 제일의 승에 머무르게 하기를 원한다.

　일체 중생이 시기에 알맞은 보시를 하여 시기가 아님을 영원히 여의어 끝까지 크게 보시하기를 원한다.

　일체 중생이 선한 보시를 성취하여 부처님 장부의 크게 보시하는 피안에 이르기를 원한다.

　일체 중생이 끝까지 크게 장엄하는 보시를 항상 행하며, 다 일체 모든 부처님으로 스승을 삼고 모두 다 친근하여 큰 공양을 일으키기를 원한다.

일체 중생이 청정한 보시에 머물러 법계와 같은 한량없는 복덕을 모아 피안에 이르기를 원한다.

일체 중생이 모든 세간에서 큰 시주가 되어 맹세코 군품들을 제도하여 여래의 지위에 머무르기를 원한다.

이것이 보살마하살이 크게 보시하는 모임을 시설하는 선근으로 회향하는 것이다.

중생들로 하여금 위없는 보시와, 구경에 부처님이 되는 보시와, 선을 성취하는 보시와, 깨뜨릴 수 없는 보시와, 모든 부처님께 공양올리는 보시와, 성냄과 원한이 없는 보시와, 중생을 구제하는 보시와, 일체지를 이루는 보시와, 모든 부처님을 항상 친견하는 보시와, 잘 정진하는 보시와, 일체 보살의 공덕과 모든 부처님의 지혜를 성취하는 광대한 보시를 행하게 하기 위한 까닭이다.

불자들이여, 보살마하살이 일체 생활에 필요한 물건을 보시하되 마음에 탐하고 아낌이 없고 과보를 구하지 않으며, 세상의 부와 낙에 희망하는 바가 없어서 망상의 마음을 여의며, 법을 잘 사유하되 일체 중생을 이익하게 하려고 일체 모든 법의 참 성품을 자세히 관한다.

모든 중생들이 갖가지로 같지 않음과 쓰는 바와 구하는 바가 각각 차별함을 따라서 한량없는 생활에 필요한 도구를 마련하되 있는 바 장엄이 모두 다 미묘하고 아름다워 가없는 보시를 행하며, 일체 보시를 행하며, 안과 밖의 것을 다 보시한다.

이 보시를 행할 때에 뜻에 즐거워하는 힘이 늘어나고 큰 공덕을 얻어서 마음의 보배를 성취하며, 항상 능히 일체 중생을 수호하여 모두 수승한 뜻의 원을 내게 하되 처음부터 일찍이 도리어 보답을 구하는 마음이 없다.

있는 바 선근이 삼세의 부처님과 평등하여 모두 일체종지를 원만하게 한다.

불자들이여, 보살마하살이 이 보시의 있는 바 선근으로 중생들에게 회향한다.

　일체 중생이 청정하게 조복하기를 원하며, 일체 중생이 번뇌를 멸하여 없애고 일체 모든 부처님 국토를 청정하게 장엄하기를 원한다.

　일체 중생이 청정한 마음으로 한 생각 가운데 법계에 두루하기를 원하며, 일체 중생이 지혜가 허공 법계에 충만하기를 원한다.

　일체 중생이 일체지를 얻어서 삼세에 널리 들어가 중생들을 조복하고 일체 시에 청정하고 물러나지 않는 법륜을 항상 굴리기를 원하며, 일체 중생이 일체지를 갖추어서 신통과 방편을 잘 능히 나타내 보여 중생들을 요익케 하기를 원한다.

일체 중생이 모든 부처님의 보리에 다 능히 깨달아 들어가서 미래 겁이 다하도록 시방세계에 항상 정법을 설하되 일찍이 휴식함이 없고 모든 중생들로 하여금 널리 듣고 알게 하기를 원한다.

일체 중생이 한량없는 겁에 보살행을 닦아 모두 원만함을 얻기를 원한다.

일체 중생이 일체 세계에서 물들었거나 깨끗하거나, 작거나 크거나, 거칠거나 미세하거나, 엎어졌거나 잦혀졌거나, 혹은 한 가지로 장엄하였거나 혹은 갖가지로 장엄하였거나, 연설할 수 있는 바의 세계 수효에 있는 모든 세계 가운데서 보살행을 닦아 두루하지 않음이 없기를 원한다.

일체 중생이 생각생각에 항상 삼세의 일체 불사를 지어서 중생들을 교화하여 일체지에 향하기를 원한다.

불자들이여, 보살마하살이 모든 중생들의 일체 구하는 바를 따라 이와 같은 등 아승지의 물건을 보시하여 준다.

불법이 상속하여 끊어지지 아니하며, 대비로 일체 중생을 널리 구호하며, 대자에 편안히 머물러 보살행을 닦으며, 부처님의 가르침을 마침내 어기고 범하지 아니하며, 교묘한 방편으로 온갖 선을 수행하며, 일체 모든 부처님의 종성을 끊지 아니하고 구함을 따라 모두 주되 근심하고 싫어함이 없으며, 일체를 모두 버리되 일찍이 중간에 후회하지 아니하며, 항상 부지런히 일체 지혜의 도에 회향하게 하기 위함이다.

그때에 시방 국토의 갖가지 형류와 갖가지 갈래와 갖가지 복전이 모두 모여와서 보살의 처소에 이르러 갖가지로 요구함을 보살이 보고는 널리 다 섭수하여 마음에 환희를 내되 선우를 보는 것과 같이 한다.

대비로 불쌍히 여겨 그 원을 만족

케 하며, 버리는 마음이 증장하여 쉬지 아니하고 또한 피로해하거나 싫어함이 없어서, 그 구하는 바를 따라 모두 만족케 하여 빈궁의 고통을 여의게 한다.

그때에 모든 구걸하는 자들이 마음에 크게 기뻐하며 접접 다시 칭찬하고 전하여 그 덕을 찬양하니 아름다운 소리가 멀리까지 퍼져서 다 돌아오거늘 보살이 보고는 환희함이 한량없다.

가령 백천억 나유타겁 동안 제석의 낙을 받으며, 수없는 겁 동안 야마천의 낙을 받으며, 한량없는 겁 동안 도솔타천의 낙을 받으며, 가없는 겁 동안 선변화천의 낙을 받으며, 같음이 없는 겁 동안 타화자재천의 낙을 받으며, 셀 수 없는 겁 동안 범왕의 낙을 받으며, 일컬을 수 없는 겁 동안 전륜왕의 삼천을 다스리는 낙을 받으며, 불가사의 겁 동안 변정천의 낙을 받으며, 말할 수 없는 겁 동안 정거천의 낙을 받더라도 모두 미

칠 수 없다.

보살마하살이 구걸하는 자가 오는 것을 보고는 환희하고 좋아하며, 기뻐 뛰며, 신심이 증장하며, 뜻의 즐거움이 청정하며, 모든 근이 조순하며, 믿고 이해함이 만족하며, 내지 모든 부처님의 보리에 더욱 나아간다.

불자들이여, 보살마하살이 이 선근으로 일체 중생을 이익하게 하려는 까닭으로 회향하며, 일체 중생을 안락하게 하려는 까닭으로 회향하며, 일체 중생으로 하여금 큰 이치와 이익을 얻게 하기 위한 까닭으로 회향한다.

일체 중생으로 하여금 모두 청정을 얻게 하기 위한 까닭으로 회향하며, 일체 중생으로 하여금 모두 보리를 구하게 하기 위한 까닭으로 회향하며, 일체 중생으로 하여금 모두 평등을 얻게 하기 위한 까닭으로 회향한다.

일체 중생으로 하여금 모두 어질고

선한 마음을 얻게 하기 위한 까닭으로 회향하며, 일체 중생으로 하여금 모두 마하연에 들게 하기 위한 까닭으로 회향하며, 일체 중생으로 하여금 다 어질고 선한 지혜를 얻게 하기 위한 까닭으로 회향한다.

일체 중생으로 하여금 모두 보현보살의 행원을 갖추어 십력의 승을 원만히 하고 정각 이룸을 나투게 하기 위한 까닭으로 회향한다.

불자들이여, 보살마하살이 모든 선근으로 이와 같이 회향할 때에 몸과 입과 뜻의 업이 모두 다 해탈하여 집착도 없고 속박도 없다.

중생이라는 생각이 없으며, 수명이라는 생각이 없으며, 보가라라는 생각이 없으며, 사람이라는 생각이 없으며, 동자라는 생각이 없으며, 생겨난 자라는 생각이 없으며, 짓는 자라는 생각이 없으며, 받는 자라는 생각이 없다.

있다는 생각이 없으며, 없다는 생

각이 없으며, 현재 세상과 미래 세상이라는 생각이 없으며, 여기서 죽어 저기에 난다는 생각이 없다.

항상하다는 생각이 없으며, 무상하다는 생각이 없으며, 삼유라는 생각이 없으며, 삼유가 없다는 생각이 없으며, 생각도 아니고 생각 아닌 것도 아니다.

이와 같이 속박이 아닌 회향이며, 속박을 푼 것이 아닌 회향이며, 업이 아닌 회향이며, 업의 과보가 아닌 회향이다.

분별이 아닌 회향이며, 분별 없음이 아닌 회향이며, 생각이 아닌 회향이며, 생각하여 마침이 아닌 회향이며, 마음이 아닌 회향이며, 마음 없음이 아닌 회향이다.

불자들이여, 보살마하살이 이와 같이 회향할 때에 안에도 집착하지 아니하고 밖에도 집착하지 아니하며, 능연에도 집착하지 아니하고 소연에도 집착하지 아니하며, 인에도 집착하지 아니하고 과에도 집착하지 아니한다.

  법에도 집착하지 아니하고 법 아님에도 집착하지 아니하며, 생각에도 집착하지 아니하고 생각 아님에도 집착하지 아니한다.

  색에도 집착하지 아니하고 색이 남에도 집착하지 아니하고 색이 멸함에도 집착하지 아니하며, 수·상·행·식에도 집착하지 아니하고 수·상·행·식이 생함에도 집착하지 아니하고 수·상·행·식이 멸함에도 집착하지 아니한다.

불자들이여, 보살마하살이 만약 능히 이 모든 법에 집착하지 않으면 색에도 속박되지 않고, 색이 남에도 속박되지 않고, 색이 멸함에도 속박되지 않으며, 수·상·행·식에도 속박되지 않고, 수·상·행·식이 남에도 속박되지 않고, 수·상·행·식이 멸함에도 속박되지 않는다.

만약 능히 이 모든 법에 속박되지 않으면 곧 또한 모든 법에 해탈하지도 않을 것이다. 무슨 까닭인가?

조그만 법도 현재 나거나 이미 났거나 장차 날 것이 없으니 법을 취할 것도 없고 법에 집착할 것도 없다.

일체 모든 법이 자상이 이와 같아서 자성이 없고 자성의 모양을 여의었다.

하나도 아니고 둘도 아니며, 많음도 아니고 한량없음도 아니며, 작은 것도 아니고 큰 것도 아니며, 좁은 것도 아니고 넓은 것도 아니며, 깊은 것도 아니고 얕은 것도 아니다.

적정한 것도 아니고 희론도 아니

며, 옳은 도리도 아니고 그른 도리도 아니며, 옳은 법도 아니고 그른 법도 아니며, 자체도 아니고 자체 아닌 것도 아니며, 있는 것도 아니고 있지 않는 것도 아니다.

보살이 이와 같이 모든 법을 관찰하면 곧 비법이 되거니와, 언어 가운데 세상을 따라 건립하면 비법이 법이 되어서, 모든 업의 도를 끊지 아니하고 보살행을 버리지 아니하며 일체 지혜를 구하여 마침내 퇴전함이 없다.

일체 업의 연이 꿈과 같고, 음성이 메아리와 같고, 중생이 그림자와 같고, 모든 법이 환과 같음을 분명히 알되, 또한 인연과 업의 힘을 무너뜨리지 않는다.

　모든 업은 그 작용이 광대한 줄 분명히 알며, 일체 법이 모두 짓는 바가 없음을 알지만 지음이 없는 도를 행하여 일찍이 잠깐도 폐하지 않는다.

　불자들이여, 이 보살마하살이 일체 지혜에 머물러서 옳은 도리나 그른 도리에 널리 모두 일체 지혜의 성품으로 회향하며, 일체 처에 모두 다 회향하여 퇴전함이 없다.

무슨 뜻으로 회향이라 이름하는가?

세간을 영원히 건너 피안에 이르는 까닭으로 회향이라 이름하며, 모든 쌓임에서 영원히 벗어나 피안에 이르는 까닭으로 회향이라 이름한다.

언어의 길을 건너 피안에 이르므로

회향이라 이름하며, 갖가지 생각을 여의어 피안에 이르므로 회향이라 이름하며, 몸이라는 견해를 영원히 끊어 피안에 이르므로 회향이라 이름하며, 의지처를 영원히 여의어 피안에 이르므로 회향이라 이름한다.

짓는 바를 영원히 끊어 피안에 이르므로 회향이라 이름하며, 모든 유에서 영원히 벗어나 피안에 이르므로 회향이라 이름하며, 모든 취를 영원히 버리고 피안에 이르므로 회향이라 이름하며, 세상 법을 영원히 벗어나서 피안에 이르므로 회향이라 이름한다.

불자들이여, 보살마하살이 이와 같이 회향할 때에 곧 부처님을 수순하여 머무르며, 법을 수순하여 머무르며, 지혜를 수순하여 머무르며, 보리를 수순하여 머무르며, 이치를 수순하여 머무른다.

회향을 수순하여 머무르며, 경계를 수순하여 머무르며, 행을 수순하여 머무르며, 진실을 수순하여 머무르며, 청정을 수순하여 머무른다.

　불자들이여, 보살마하살이 이와 같이 회향하면 곧 일체 모든 법을 분명히 통달함이 되며, 곧 일체 모든 부처님을 받들어 섬김이 된다. 한 부처님도 받들어 섬기지 않음이 없으며, 한 법도 공양올리지 않음이 없다.

　한 법도 가히 멸하여 무너뜨림이 없으며, 한 법도 가히 어김이 없으며, 한 물건도 가히 탐착함이 없으며, 한 법도 가히 싫어해 떠남이 없다.

 안과 밖의 일체 모든 법이 조금도 파괴되거나 인연의 도를 어김이 있음을 보지 아니하며, 법력이 구족하여 쉬지 아니한다.

 불자들이여, 이것이 보살마하살의 여섯째 견고한 일체 선근을 수순하는 회향이다.

 보살마하살이 이 회향에 머무르는

때에 항상 모든 부처님의 호념하시는 바가 되며, 견고하고 물러나지 아니하여 깊은 법의 성품에 들어가며, 일체 지혜를 닦아서 법의 뜻을 수순하며, 법의 성품을 수순하며, 일체 견고한 선근을 수순한다.

일체 원만한 큰 서원을 수순하며, 견고한 법을 구족하게 수순하며, 일체 금강으로도 깨뜨릴 수 없는 바라, 모든 법 가운데서 자재함을 얻는다."

그때에 금강당 보살이 시방을 관찰하고 대중모임을 관찰하며 법계를 관찰하고는, 글귀의 매우 깊은 뜻에 들어가며 한량없고 광대한 마음을 닦아 익히며 대비심으로 널리 세간을 덮으며, 과거와 미래와 현재의 부처님 종성의 마음을 기른다.

일체 모든 부처님의 공덕에 들어가며 모든 부처님의 자재하신 힘의 몸을 성취하며, 모든 중생들의 마음에 즐겨하는 바를 관찰하며, 그 선근의 성숙할 수 있는 바를 따라서 법성의 몸을 의지하여 색신을 나타내고, 부처님의 위신력을 받들어 게송을 설하여 말씀하였다.

보살이 몸을 나타내어
국왕이 되어서
세상의 지위 가운데
가장 높아 같을 이 없고
복덕과 위엄 있는 광명이
일체보다 수승하여
널리 군맹들을 위해서

이익을 일으키도다.

그 마음이 청정하여
물들지 않고
세상에 자재하여
모두 공경하며
바른 법을 널리 펴
사람을 가르쳐서
널리 중생들로 하여금
안온함을 얻게 하도다.

귀족에 태어남을 나타내어

왕위에 오르고
항상 바른 가르침을 의지해
법륜을 굴리고
품성이 인자하여
독하지 않으니
시방이 공경하고 우러러
다 교화를 따르도다.

지혜로 분별하여
항상 명료하고
색상과 재능이
다 구족하여

온 나라를 다스림에
따르지 아니함이 없고
마군을 꺾어 조복하여
모두 다하게 하도다.

청정한 계를 굳게 지니어
어기고 범함이 없으며
결정한 뜻 참고 견디어
요동하지 않으며
길이 성내는
마음을 없애고
항상 즐거이

모든 불법 수행하기를 원하도다.

음식과 향과
화만과 의복과
수레와 말과
평상과 침구와 좌구와 등불을
보살이 모두 주어
사람들을 구제하되
아울러 남은 것이
한량없는 종류로다.

이익하게 하기 위하여

보시를 행하여
그들로 하여금
광대한 마음을 개발하되
높은 곳과
그리고 다른 곳에
뜻이 다 청정하여
환희를 내게 하도다.

보살이 일체를
모두 두루 주어서
안팎으로 있는 것을
모두 능히 버리고

반드시 그 마음을
길이 청정하게 하여
잠깐도 비좁고 용렬함을
내게 하지 아니하도다.

혹은 머리를 보시하고
혹은 눈을 보시하며
혹은 손을 보시하고
혹은 발을 보시하며
피부와 살과 뼈와 골수와
그리고 다른 것까지
일체를 다 버려도

마음에 아낌이 없도다.

보살의 몸이
대왕의 자리에 오르니
종족이 귀하고
사람 가운데 높은데
입을 열고 혀를 내어
군생에게 보시하되
그 마음 환희하고 근심하여
연연함이 없도다.

저에게 혀를 보시한

모든 공덕으로
일체 모든 중생들에게
회향하며
널리 이 수승한 인연을
의지하여
다 여래의 광장설을
얻기를 원하도다.

혹은 처자와
왕위를 보시하고
혹은 그 몸을 보시하여
하인이 되지만

그 마음이 청정하고
항상 환희하여
이와 같은 일체에
근심과 후회가 없도다.

즐겨 구하는 것을 따라
다 베풀어 주되
때에 알맞게 공급하며
피로하고 싫음이 없어서
일체 소유를
다 능히 흩으니
모든 와서 구하는 자가

널리 만족하도다.

법을 듣기 위하여
그 몸을 보시하고
모든 고행 닦아서
보리를 구하며
다시 중생들을 위하여
일체를 버려서
위없는 지혜를 구하여
퇴전하지 않도다.

부처님 처소에서

정법을 듣고
스스로 그 몸을 바쳐
충실히 시중을 들되
널리 모든 군생들을
구제하기 위하여
한량없는
환희심을 내도다.

그들은 세존이신
대도사께서
능히 자심으로
널리 요익하게 하심을 보고

이때에 뛸 듯이
환희를 내어
여래의 깊은 법의 맛을
듣고 받도다.

보살이 소유한
모든 선근을
모든 중생들에게
다 회향하여
널리 모두 구호하여
남음이 없고
영원히 해탈하여

항상 안락하게 하도다.

보살에게 있는 바
모든 권속들이
색상이 단엄하고
능히 변재가 지혜로우며
화만과 의복과
바르는 향의
갖가지 장엄이
다 구족하도다.

이 모든 권속들이

매우 희유하거늘
보살이 일체를
모두 능히 보시하고
오로지 정각을 구하여
군생을 제도하니
이와 같은 마음을
잠깐도 버리지 않도다.

보살이 이와 같이
자세히 사유하여
갖가지 광대한 업을
갖추어 행하고

다 모든 함식들에게
회향하되
취착하는 마음을
내지 않도다.

보살이
저 대왕의 자리와
국토와
모든 성읍과
궁전과 누각과
원림과
하인과 시위들을 보시하여

다 아끼지 않도다.

그들은 한량없는
백천겁 동안
곳곳마다 두루 다니며
베풀어 주고
인하여 모든 군생들을
가르쳐 인도하여
모두 위없는 언덕에
뛰어오르게 하도다.

한량없는

각각 차별한 품류들이
시방세계에서
와서 모이니
보살이 보고는
마음으로 기뻐하여
그 모자라는 것을 따라
만족하게 하도다.

삼세의 부처님께서
회향하신 바와 같이
보살도 또한
이와 같은 업을 닦으니

조어장부 천인사
세존께서 행하신 바를
모두 다 따라 배워
피안에 이르도다.

보살이 일체 법을
관찰하되
누가 능히 이 법에
들어간 자이며
어떻게 들어가며
어느 곳에 들어가는가 하며
이와 같이 보시하여

마음이 머무름이 없도다.

보살이 선교의
지혜에 회향하며
보살이 방편의
법에 회향하며
보살이 진실한
뜻에 회향하되
그 법 가운데
집착하는 바가 없도다.

마음이 일체 업을

분별하지 아니하고
또한 업의 과보에
물들어 집착하지 아니하고
보리의 성품이
연 따라 일어남을 알아
깊은 법계에 들어가
어김이 없도다.

몸 가운데
업이 있지 아니하고
또한 마음을 의지하여
머무르지 아니하여

지혜로 업의 성품이
없음을 분명히 알지만
인연인 까닭으로
업을 잃지도 아니하도다.

마음이 과거의 법을
허망하게 취하지 아니하고
또한 미래의 일을
탐착하지 아니하며
현재에 머무르는 바가
있지 아니하니
삼세가 모두 공적함을

요달하였도다.

보살이 이미
색의 피안에 이르렀으며
수·상·행·식도
또한 이와 같아서
세간의 생사의 흐름에서
뛰어났으니
그 마음이 겸하하고
항상 청정하도다.

오온과

십팔계와
십이처와 그리고 자기 몸을
자세히 관하여
이에 낱낱이
보리를 구하나
체성을 필경에
얻을 수 없도다.

모든 법이 상주한다는 상을
취하지 않고
단멸의 상에도
집착하지 않으니

법의 성품은 있지도 않고
없지도 않으나
업의 이치는
차례로 끝내 다함이 없도다.

모든 법에 머무르는 바가
있지 않으며
중생과 보리를
보지 않으니
시방의 국토와
삼세 가운데
필경에 구하여도

얻지 못하도다.

만약 능히
이와 같이 모든 법을 관하면
모든 부처님의
이해하신 바와 같아서
비록 그 성품을 구하여도
얻을 수 없으나
보살이 행한 바
또한 헛되지 않도다.

보살이 법은

연 따라 있음을 알아서
일체의 행할 바
도를 어기지 않고
모든 업의 자취를
열어 보이고 해설하여
중생들을
모두 청정케 하려 하도다.

이것이 지혜로운 자가
행하는 바 도이니
일체 여래께서
설하신 바로다.

수순하고 사유하여
바른 뜻에 들어가면
자연히 깨달아
보리를 이루리라.

모든 법은 생함도 없고
멸함도 없으며
또한 다시 옴도 없고
감도 없도다.
여기서 죽어
저기에 나지 않으면
이 사람은

모든 불법을 깨달아 알리라.

모든 법의 진실한 성품을
요달하면
법의 성품에
분별이 없으리라.
법은 성품이 없고
분별이 없음을 알면
이 사람은 모든 부처님 지혜에
잘 들어가리라.

법의 성품은

일체 처와
일체 중생과
그리고 국토에 두루 있으며
삼세에 모두 있어
남음이 없으나
또한 형상을
얻을 수 없도다.

일체 모든 부처님의
깨달으신 바를
모두 다 남김없이
거두어

비록 삼세의
일체 법을 설하나
이와 같은 법은
모두 있는 것이 아니로다.

모든 법의 성품이
일체에 두루함과 같이
보살의 회향도
또한 다시 그러하니
이와 같이 모든 중생들에게
회향하여
항상 세간에서

퇴전함이 없도다.

회향송

아차보현수승행
무변승복개회향
보원침익제중생
속왕무량광불찰

시방삼세일체불
제존보살마하살
마하반야바라밀

廻向頌

我此普賢殊勝行
無邊勝福皆迴向
普願沈溺諸眾生
速往無量光佛剎

十方三世一切佛
諸尊菩薩摩訶薩
摩訶般若波羅蜜

大方廣佛華嚴經 — 부록

- 대방광불화엄경 목차

- 간행사

대방광불화엄경 목차

⟨제1회⟩

제1권　제1품　세주묘엄품 [1]

제2권　제1품　세주묘엄품 [2]

제3권　제1품　세주묘엄품 [3]

제4권　제1품　세주묘엄품 [4]

제5권　제1품　세주묘엄품 [5]

제6권　제2품　여래현상품

제7권　제3품　보현삼매품

　　　　　제4품　세계성취품

제8권　제5품　화장세계품 [1]

제9권　제5품　화장세계품 [2]

제10권　제5품　화장세계품 [3]

제11권　제6품　비로자나품

⟨제2회⟩

제12권　제7품　여래명호품

　　　　　제8품　사성제품

제13권　제9품　광명각품

　　　　　제10품　보살문명품

제14권　제11품　정행품

　　　　　제12품　현수품 [1]

제15권　제12품　현수품 [2]

⟨제3회⟩

제16권　제13품　승수미산정품

　　　　　제14품　수미정상게찬품

　　　　　제15품　십주품

제17권　제16품　범행품

　　　　　제17품　초발심공덕품

제18권　제18품　명법품

〈제4회〉

제19권　제19품　승야마천궁품

　　　　제20품　야마궁중게찬품

　　　　제21품　십행품 [1]

제20권　제21품　십행품 [2]

제21권　제22품　십무진장품

〈제5회〉

제22권　제23품　승도솔천궁품

제23권　제24품　도솔궁중게찬품

　　　　제25품　십회향품 [1]

제24권　제25품　십회향품 [2]

제25권　제25품　십회향품 [3]

제26권　제25품　십회향품 [4]

제27권　제25품　십회향품 [5]

제28권　제25품　십회향품 [6]

제29권　제25품　십회향품 [7]

제30권　제25품　십회향품 [8]

제31권　제25품　십회향품 [9]

제32권　제25품　십회향품 [10]

제33권　제25품　십회향품 [11]

〈제6회〉

제34권　제26품　십지품 [1]

제35권　제26품　십지품 [2]

제36권　제26품　십지품 [3]

제37권　제26품　십지품 [4]

제38권　제26품　십지품 [5]

제39권　제26품　십지품 [6]

〈제7회〉

제40권　제27품　십정품 [1]

제41권　제27품　십정품 [2]

제42권　제27품　십정품 [3]

제43권　제27품　십정품 [4]

제44권　제28품　십통품

　　　　제29품　십인품

제45권　제30품　아승지품

　　　　제31품　수량품

　　　　제32품　제보살주처품

제46권　제33품　불부사의법품 [1]

제47권　제33품　불부사의법품 [2]

제48권	제34품	여래십신상해품		제63권	제39품	입법계품 [4]
	제35품	여래수호광명공덕품		제64권	제39품	입법계품 [5]
제49권	제36품	보현행품		제65권	제39품	입법계품 [6]
제50권	제37품	여래출현품 [1]		제66권	제39품	입법계품 [7]
제51권	제37품	여래출현품 [2]		제67권	제39품	입법계품 [8]
제52권	제37품	여래출현품 [3]		제68권	제39품	입법계품 [9]
				제69권	제39품	입법계품 [10]
〈제8회〉				제70권	제39품	입법계품 [11]
제53권	제38품	이세간품 [1]		제71권	제39품	입법계품 [12]
제54권	제38품	이세간품 [2]		제72권	제39품	입법계품 [13]
제55권	제38품	이세간품 [3]		제73권	제39품	입법계품 [14]
제56권	제38품	이세간품 [4]		제74권	제39품	입법계품 [15]
제57권	제38품	이세간품 [5]		제75권	제39품	입법계품 [16]
제58권	제38품	이세간품 [6]		제76권	제39품	입법계품 [17]
제59권	제38품	이세간품 [7]		제77권	제39품	입법계품 [18]
				제78권	제39품	입법계품 [19]
〈제9회〉				제79권	제39품	입법계품 [20]
제60권	제39품	입법계품 [1]		제80권	제39품	입법계품 [21]
제61권	제39품	입법계품 [2]				
제62권	제39품	입법계품 [3]				

간 행 사

  귀의삼보 하옵고,

『대방광불화엄경』의 수지 독송과 유통을 발원하면서 수미정사 불전연구원에서 『독송본 한문·한글역 대방광불화엄경』과 『사경본 한글역 대방광불화엄경』을 편찬하여 간행하게 되었습니다.

『화엄경』은 우리나라에 전래된 이래 일찍부터 사경되고 주석·강설되어 왔으며 근현대에 이르러서는 『화엄경』의 한글 번역과 연구도 부쩍 많이 이루어졌습니다. 그만큼 『화엄경』이 우리 불자님들의 신행과 해탈에 큰 의지처가 되었던 것임을 알 수 있습니다.

『화엄경』을 독송하고 사경하는 공덕은 설법 공덕과 함께 크게 강조되어 왔습니다. 그리하여 수미정사 불전연구원에서도 『화엄경』(80권)을 독송하고 사경하는 데 도움이 되도록 한문 원문과 한글역을 함께 수록한 독송본과 한글역의 사경본 『화엄경』 간행불사를 발원하였습니다. 이 『화엄경』 간행불사에 뜻을 같이하여 적극 후원해주신 스님들과 재가 불자님들께 깊이 감사드립니다. 또한 『화엄경』을 수지 독송할 수 있도록 경책의 모습으로 장엄해 주신 편집위원들과 담앤북스 출판사 관계자들께도 고마움을 표합니다.

  끝으로 이 불사의 원만 회향으로 『화엄경』이 널리 유통되고, 온 법계에 부처님의 가피가 충만하시길 기원드립니다.

  나무 대방광불화엄경

불기 2564년 '부처님오신날'을 봉축하며
수미해주 합장

위태천신(동진보살)

수미해주 須彌海住

동국대학교 명예교수
중앙승가대학교 법인이사
대한불교조계종 수미정사 주지

사경본 한글역

대방광불화엄경 제28권

| **초판 1쇄 발행**_ 2022년 9월 24일

| **엮은이**_ 수미해주
| **엮은곳**_ 수미정사 불전연구원
| **편집위원**_ 해주 수정 경진 선초 정천 석도 박보람 최원섭
| **편집보**_ 무이 무진 지욱 혜명

| **펴낸이**_ 오세룡
| **펴낸곳**_ 담앤북스
　　　　서울특별시 종로구 새문안로3길 23 경희궁의 아침 4단지 805호
　　　　대표전화 02)765-1251 전자우편 damnbooks@hanmail.net
　　　　출판등록 제300-2011-115호
| **ISBN**_ 979-11-6201-334-2 04220

이 책은 저작권 법에 따라 보호받는 저작물이므로 무단전재와 복제를 금합니다.
이 책 내용의 전부 또는 일부를 이용하려면 반드시 저작권자와 담앤북스의 서면 동의를 받아야 합니다.

정가 10,000원
ⓒ 수미해주 2022